essentials

Springer Essentials sind innovative Bücher, die das Wissen von Springer DE in kompaktester Form anhand kleiner, komprimierter Wissensbausteine zur Darstellung bringen. Damit sind sie besonders für die Nutzung auf modernen Tablet-PCs und eBook-Readern geeignet. In der Reihe erscheinen sowohl Originalarbeiten wie auch aktualisierte und hinsichtlich der Textmenge genauestens konzentrierte Bearbeitungen von Texten, die in maßgeblichen, allerdings auch wesentlich umfangreicheren Werken des Springer Verlags an anderer Stelle erscheinen. Die Leser bekommen „self-contained knowledge" in destillierter Form: Die Essenz dessen, worauf es als „State-of-the-Art" in der Praxis und/oder aktueller Fachdiskussion ankommt.

Sarah Wolff

Public-Private Partnerships in Deutschland

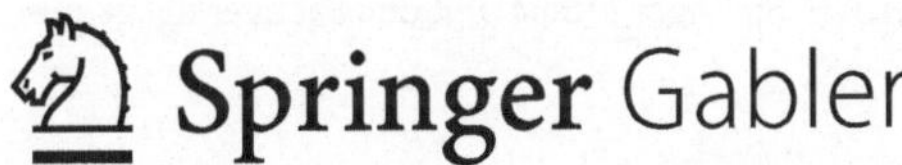

Dr. Sarah Wolff
Technische Universität Braunschweig
Braunschweig, Deutschland

ISSN 2197-6708   ISSN 2197-6716 (electronic)
ISBN 978-3-658-05186-0   ISBN 978-3-658-05187-7 (eBook)
DOI 10.1007/978-3-658-05187-7

Die Deutsche Nationalbibliothek verzeichnet diese Publikation in der Deutschen National-
bibliografie; detaillierte bibliografische Daten sind im Internet über http://dnb.d-nb.de
abrufbar.

Springer Gabler
© Springer Fachmedien Wiesbaden 2014

Gedruckt auf säurefreiem und chlorfrei gebleichtem Papier

Springer Gabler ist eine Marke von Springer DE. Springer DE ist Teil der Fachverlagsgruppe
Springer Science+Business Media
www.springer-gabler.de

Was Sie in diesem Essential finden können

- Details zur Verbreitung von PPP in Deutschland, Großbritannien und international
- Eine Kategorisierung von PPP entsprechend ihren Anreizwirkungen auf die beteiligten Akteure
- Praxistaugliche Handlungsempfehlungen zur wettbewerblichen Ausgestaltung von PPP

Vorwort

Public-Private Partnerships (PPP) sind heute eine weithin akzeptierte Form staatlicher Leistungserbringung. Interessanterweise kommt in der wissenschaftlichen Diskussion das Interesse der Bürger als Empfänger und steuerzahlender Finanzierer der Leistungen jedoch nur selten vor. Es geht um die Interessen von Bauträgern und Betreibern, um Haftung und Risikoteilung oder um budgetschonende Finanzierungsalternativen und den Betrieb öffentlicher Investitionen. Die Interessen der Stakeholder sowie Preise und Qualität der Leistungen werden bestenfalls am Rande betrachtet. Dabei zeigen empirische Untersuchungen, dass es bei einer PPP versteckte Monopolgewinne und Subventionen geben kann, deren Effekte einen differenzierteren Vergleich mit Formen der direkten staatlichen Leistungserbringung nahelegen.

Während dieser Beitrag sich dem Thema PPP praktisch nähert, beinhaltet die Dissertation *Disaggregierte öffentliche Leistungserbringung zwischen Eigenerstellung und Wettbewerb* der Autorin, erschienen 2013 bei Springer Gabler, eine umfassende volkswirtschaftliche Analyse der Wettbewerbswirkungen von PPP mit interessanten wissenschaftlichen und praktischen Ergebnissen. Die praktischen Ergebnisse der Dissertation werden im Rahmen dieser Springer-Essentials-Ausgabe zusammengefasst dargestellt. Anders als in der bisher üblichen (wissenschaftlichen) Praxis stellen beide Arbeiten von Sarah Wolff den Bürger als Leistungsempfänger konsequent in den Vordergrund.

Inhaltsverzeichnis

Einleitung

1

Die angelsächsischen Länder, allen voran Großbritannien, haben aus einer ähnlichen Motivation heraus wie in Deutschland schon in den 80er Jahren angefangen, PPP zu fördern. Mit der Erweiterung der Einsatzgebiete von PPP in den 90er Jahren unter der damals amtierenden New Labour Regierung von Tony Blair konnten sich PPP in Großbritannien sogar als von den staatlichen Behörden bevorzugte Variante zur Erbringung öffentlicher Leistungen etablieren.[1]

Auch in Kontinental-Europa erfreuen sich PPP mittlerweile großer Beliebtheit. PPP werden hier bislang meist zur Umsetzung von Infrastrukturprojekten angewandt, im Hoch- und Tiefbau, bei Straßen-, Brücken- oder Tunnelbau und neuerdings auch bei der IT-Infrastruktur.[2] Ihre Ursache haben diese PPP bei starkem politischem Druck auf die Verwirklichung öffentlicher Projekte vor allem in den angespannten öffentlichen Haushalten, an denen vielfach bereits die Finanzierung dieser Projekte scheitert. Die defizitären Haushalte von Bund, Ländern und Gemeinden in Deutschland (und in der gesamten EU) erlauben derzeit wenig investiven Spielraum. Seit 1992 haben sich die kommunalen Investitionen in Deutschland nahezu halbiert.[3]

Mit der Partnerschaft zu einem privaten Träger ergibt sich für die Öffentliche Hand in Deutschland die Chance, ein mit politischer Priorität versehenes und daher „notwendiges" Projekt überhaupt erst durchzuführen.[4] Die finanzielle Situation anderer Industrieländer ist nicht komfortabler.[5] Auch hier verspricht PPP Abhilfe.[6]

---

[1] Vgl. Mayer (2006, S. 63–100).

[2] Vgl. Steinbrück (2009, S. 14–21).

[3] Vgl. Bardt und Fuest (2007, S. 4 ff.).

[4] Vgl. u. a. Sachverständigen Rat Lange Reihen Öffentliche Finanzen.

[5] Vgl. Bräuninger (2009, S. 403–407).

[6] Vgl. Roth (2009, S. 50 ff.), Scharping (2009, S. 1).

S. Wolff, *Public-Private Partnerships in Deutschland*, essentials,
DOI 10.1007/978-3-658-05187-7_1, © Springer Fachmedien Wiesbaden 2014

Große PPP-Realisierungen wie die Einführung der LKW-Maut mit der TollCollect GmbH oder die Errichtung des Protonentherapiezentrums am Universitätsklinikum Essen sorgten für eine erste Sensibilisierung bei diesem Thema in der deutschen Öffentlichkeit. Private Partner übernahmen hier zum Teil frühere Aufgaben der Öffentlichen Hand und traten (temporär) in einen monopolartigen Status ein. Umso verwunderlicher ist, dass PPP unter wettbewerbspolitischen Gesichtspunkten in der Literatur nur selten und zudem sehr spät analysiert wurden.[7]

Für den privaten Partner ergibt sich dabei auch unter risikopolitischem Aspekt ein Anreiz. Der Staat hielt bei Projekten, die für eine Öffentlich Private Partnerschaft gewählt werden, zuvor häufig die Rolle eines Monopolanbieters inne. In diese Rolle könnte der private Partner hineinschlüpfen und zeitweise davon profitieren.

Gelingt es dem privaten Partner, während der üblichen 30-jährigen Laufzeit monopolistische Übergewinne abzuschöpfen, sind diese Übergewinne gleichzusetzen mit staatlich gezahlten Subventionen. Anders als bei offiziell deklarierten Subventionen besteht bei monopolartigen PPP-Übergewinnen für die Empfänger aber keine Verwendungspflicht. Diese Gewinne verschaffen den Unternehmen also unzulässige Wettbewerbsvorteile. Außerdem besteht für derart versteckte Subventionen keine Offenlegungspflicht im Subventionsbericht der Bundesregierung.[8]

Bei so langen Vertragslaufzeiten, wie sie PPP-Verträge vorsehen, kommt zwar dem Wettbewerb um den Vertrag eine entscheidende Bedeutung zu, deutsche PPP-Projektdatenbanken enthalten aber keine Informationen zum Ausschreibungsdesign und stellen derzeit noch keine Informationen zu Anzahl und Qualität der abgegebenen Gebote zur Verfügung.

Dieses Vorgehen ist auch im internationalen Rahmen bedenklich, da die Konkurrenz um PPP-Ausschreibungen weltweit bisher eher gering oder allenfalls moderat war. An Ausschreibungen für Wasserversorgungs-PPP in Schwellenländern nehmen zum Beispiel regelmäßig nur zwei Bieter, zuweilen sogar nur ein Bieter teil. Die Stadt Mexiko City hat jedoch bei ihren Ausschreibungen um die Wasserversorgung gezeigt, dass mehr Konkurrenz möglich ist, wenn die verantwortlichen Behörden die Ausschreibungen anders modellieren.[9]

Bei PPP handelt es sich weder um eine rein öffentliche noch um eine rein private Leistungserbringung. PPP sind eine *neue* Form der Leistungserbringung, die verschiedene Elemente unterschiedlicher Systeme kombiniert. Um diese neue Form der Leistungserbringung in ihren Wettbewerbswirkungen zu beurteilen, ist eine Analyse des Zusammenwirkens dieser Elemente unter PPP-spezifischen Rahmenbedingungen notwendig. Nur dann können für die politische Praxis relevante Handlungsempfehlungen abgeleitet werden.

---

[7] Vgl. Brousseau und Saussier (2009).
[8] Vgl. hierzu zum Beispiel die Subventionsberichte des Bundes und der Länder.
[9] Vgl. Iimi (2008).

PPP und Wettbewerb 2

2.1 Internationale Verbreitung von PPP

Die Wissenschaft hat sich zwar intensiv mit Einzelprojekten und Teilaspekten der PPP-Umsetzung auseinandergesetzt, aber internationale Vergleiche länderspezifischer PPP-Aktivitäten und lokaler Rahmenbedingungen sind rar. Die privaten Abonnenten exklusiv zur Verfügung stehende PWF-Datenbank des Magazins PW Finance[1] katalogisiert PPP-Projekte weltweit seit 1985. Darauf basie-rende Veröffentlichungen zeichnen das in Abb. 2.1 dargestellte Bild über die wachsende Bedeutung von PPP weltweit.

PPP verbreiten sich derzeit also nicht nur in Deutschland, sondern sind weltweit zu einer beliebten Art der Leistungserbringung öffentlicher Institutionen geworden. Trotz dieser Tendenz lassen sich Unterschiede bei den PPP-Aktivitäten in den Regionen der Welt feststellen. Die angelsächsischen Länder setzen stark auf PPP.[2] Exemplarisch wird im Folgenden die PPP Ausprägung in Großbritannien aufgezeigt.

2.1.1 UK

Das Finanzministerium veröffentlicht Übersichten mit Daten zu allen PPP-Projekten, sowohl zu PPP-Projekten, die gerade in der Ausschreibung sind[3] als auch zu

---

[1] Vgl. PW Finance Magazine and Database online unter: http://www.pwfinance.net/ (zuletzt aufgerufen am 03.08.2012).

[2] Vgl. für Australien: National Public Private Partnerships Policy and Guidelines 2008. Für Großbritannien vgl. HM Treasury (2011).

[3] Vgl. HM Treasury (2011).

S. Wolff, *Public-Private Partnerships in Deutschland*, essentials, DOI 10.1007/978-3-658-05187-7_2, © Springer Fachmedien Wiesbaden 2014

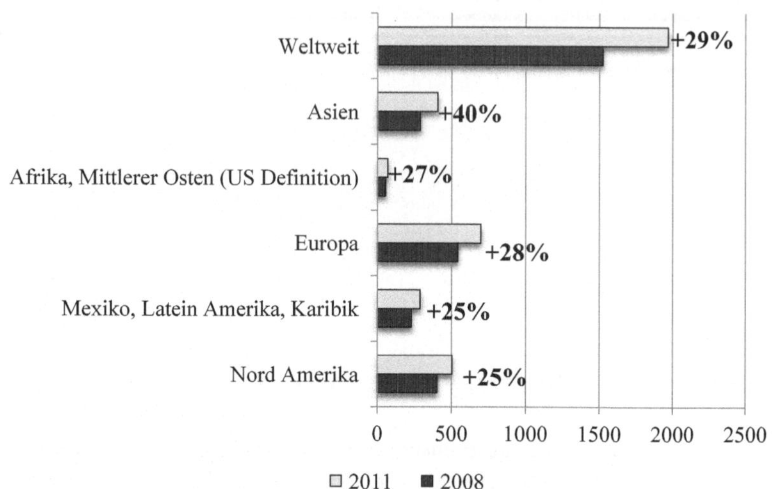

Abb. 2.1 Anzahl PPP-Projekte, bei welchen Planung & Finanzierung abgeschlossen ist, kumuliert nach Regionen weltweit, Veränderung von 2004 auf 2008 in %. (Public Works Financing 2008; Public Works Financing 2011)

PPP mit Vertragsunterzeichnung[4]. Die Datenbanken des Finanzministeriums enthalten, ihrem Erfasser entsprechend, hauptsächlich finanzwissenschaftlich relevante Informationen, wie einen Cash-Flow-Forecast und das geschätzte Projektvolumen. Abbildung 2.2 zeigt die Anzahl der PPP Projekte mit Vertragsunterzeichnung sowie deren kumuliertes Investitionsvolumen.

Bis März 2011 wurden demnach in Großbritannien 698 PPP-Projekte mit einem Investitionsvolumen von 52.879 Mio. Pfund umgesetzt. Aufgrund der langen Vertragslaufzeiten sind viele davon aber noch nicht abgeschlossen.

Auffallend hohe Investitionssummen pro Projekt werden getätigt in den Bereichen Verkehrsinfrastruktur, Verteidigung und im Teilsektor der Abfallwirtschaft unter Wohnbau und Wohninfrastruktur. Die hohen Volumina in der Abfallwirtschaft werden ausgeglichen durch die relativ niedrigeren Volumina bei Straßenbeleuchtung als einem anderen Teilsektor unter Wohnbau und Wohninfrastruktur.

Zwar wird in den einzelnen Kategorien ein Großteil der PPP-Projekte als Hochbauten umgesetzt, es gibt aber auch andere Anwendungen, die mittels PPP bereitgestellt werden. Dazu gehören unter anderem IT-Projekte, Betrieb von ganzen

---

[4] Vgl. ebenda.

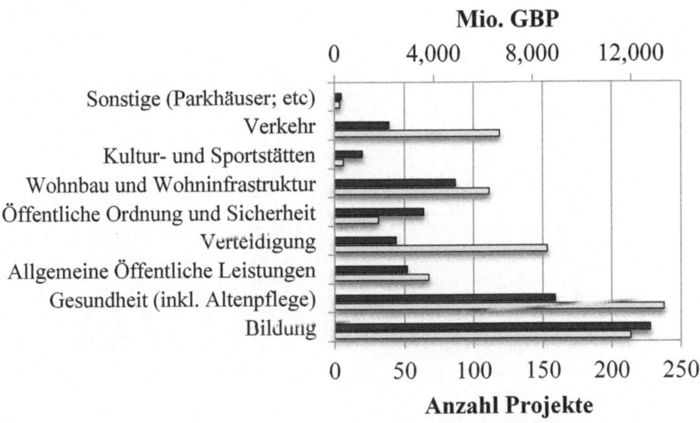

Abb. 2.2 Anzahl PPP-Projekte und Projektvolumen kumuliert nach Sektoren. (Eigene Auswertung auf Basis von HM Treasury 2011, Stand: März 2011)

Schulen (nicht nur Gebäudebetrieb) oder Marine Services und die Entwicklung des Future Strategic Tanker Aircraft (FSTA) für das Ministry of Defence (MoD).

Abbildung 2.3 zeigt einen deutlichen Trend: Die durchschnittlich ausgeschriebenen Projektvolumina steigen mit zunehmender PPP-Erfahrung.

Für PPP ergeben sich in Großbritannien Vertragslaufzeiten zwischen 20 und 30 Jahren. Davon ausgenommen sind reine IT-Projekte. Dort ist eine Laufzeit von 10 Jahren üblich. Der Mittelwert über alle bisherigen Vertragslaufzeiten liegt bei 26 Jahren, der Modus bei 25 Jahren.[5]

2.1.2 Deutschland

In Deutschland gibt es zwar Bestrebungen, eine einheitliche PPP-Projektdatenbank aufzubauen, allerdings fehlt bisher eine Datenbasis, die dem An-spruch auf Vollständigkeit gerecht wird. Auch mangelt es an Angaben zur Projektentwicklung im Zeitverlauf. Daher gibt es bislang keine einheitliche Statistik zur PPP-Umsetzung in Deutschland. Aus unterschiedlichem Zahlenmaterial sind zwei Datenbanken hervorzuheben, welche beide ein *ähnliches* Bild zeigen (Abb. 2.4).

---

[5] Ebenda.

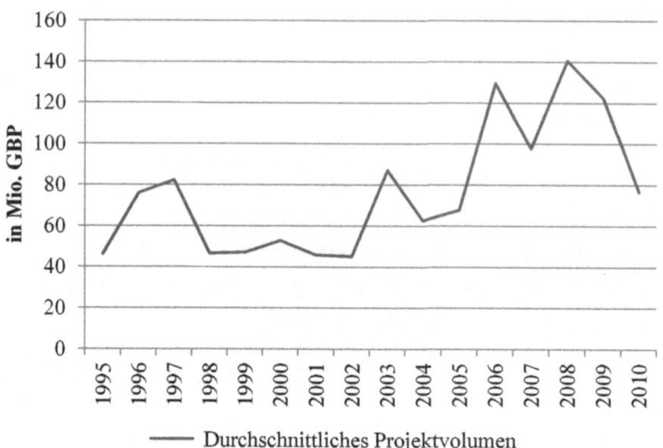

Abb. 2.3 Durchschnittliches PPP-Projektvolumen bzw. Losgröße gesamt im Zeitverlauf. (Eigene Auswertung auf Basis von HM Treasury 2011, Stand: März 2011)

1. Unter www.ppp-projektdatenbank.de versucht das Beratungsunternehmen der Öffentlichen Hand, die ÖPP Deutschland AG, eine Projektdatenbank aufzubauen. Dason Projekten ist jedoch ebenso freiwillig wie die Angaben zum Projekt. Hier werden Projekte in der Ausschreibung gelistet, genauso wie Projekte mit Vertragsunterzeichnung. Allerdings können diese Einträge teils nur schwer auseinandergehalten werden und es sind unvollständige Einträge zu finden. Darum greift diese Arbeit hauptsächlich auf die zweite Datenbasis zurück.
2. Unter www.oepp-plattform.de listet der Hauptverband der deutschen Bauindustrie PPP-Projekte aus den Bereichen Hochbau, Tiefbau und Flughäfen. Die gebotenen Informationen sind ausführlich und für jeden Eintrag vollständig vorhanden. Dort bleiben aber naturgemäß PPP-Projekte ausgeschlossen, die keine Bauprojekte sind.

Da PPP bislang jedoch weitaus überwiegend in der Bauwirtschaft und hier vor allem im Hochbau[6] Anwendung finden, stützt sich diese Arbeit im Folgenden vor allem auf diese ÖPP-Plattform.

Der Hochbau dominiert den deutschen PPP-Markt. Er repräsentiert mit 167 Projekten in der Umsetzung 94 % des Marktes, während nur 10 Projekte oder 6 % des Marktes auf die Verkehrsinfrastruktur entfallen. Die relativ meisten Bauten, rund 45 % aller Hochbauten, wiederum sind Bildungsimmobilien (73 Projekte) und 24 % sind Kultur- und Sportstätten (40 Projekte).

---

[6] Vgl. ÖPP Deutschland AG Jahresbericht (2010, S. 9).

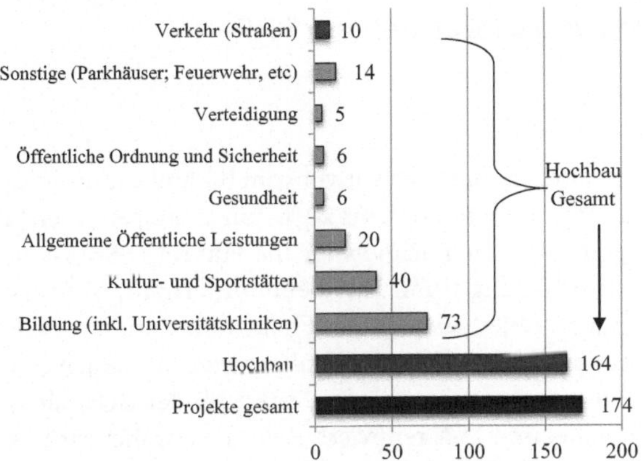

Abb. 2.4 Anzahl abgeschlossener PPP-Projekte der deutschen Bauwirtschaft nach Anwendung. (Eigene Erhebung anhand der PPP-Plattform der Deutschen Bauindustrie, Vgl. Die Deutsche Bauindustrie 2011a, Stand: September 2011)

Neben der Anzahl der unterzeichneten Verträge spielen die Investitionsvolumina bei PPP-Projekten eine bedeutende Rolle. Berücksichtigt man diese Volumina zusätzlich zu obiger Darstellung, relativiert sich der obige Eindruck.

Das durchschnittliche Projektvolumen pro PPP-Projekt liegt bei rund 42 Mio. Euro. Allerdings zeigen sich deutliche Unterschiede in der Projektgröße: zum einen zwischen Hochbauten mit durchschnittlich 30 Mio. € Volumen und Straßen mit durchschnittlich 252 Mio. € Volumen. Zum anderen unterscheiden sich auch Hochbauten beim Investitionsbedarf deutlich. Während Kultur- und Sportstätten mit durchschnittlich 21 Mio. € auskommen, sind bei PPP-Projekten für die Justiz 70 Mio. € notwendig. Projekte im Gesundheitswesen sind bei den Investitionssummen pro Projekt besonders weit gestreut und dies obwohl drei Großprojekte der Universitätskliniken Essen, Köln und Kiel dem Bildungswesen zugeordnet wurden. Hier weicht der Median mit 61 Mio. € leicht vom arithmetischem Mittel mit 51 Mio. € ab. Da der Median robuster gegen „Ausreißer" ist als das arithmetische Mittel, wird hier auf den Median zurückgegriffen.[7]

---

[7] Vgl. Fahrmeir et al. (2010, S. 55).

2.2 Ausweitungspotential von PPP

2.2.1 UK

Aktive PPP-Bestrebungen sind nach wie vor vom Bildungsministerium zu verzeichnen, welches bis 2020 noch mindestens 20 % seiner Budgets über PPP investieren will. Das Programm „Building Schools for the Future" (BSF) ist ein Investitions-Fond des britischen Bildungs- und Familienministeriums, Ministry for Children, Schools and Families, unter Aufsicht des Finanzministeriums, HM Treasury. Ziel dieses Programms ist es, die Infrastruktur aller weiterführenden Schulen zwischen 2005 und 2020 zu erneuern oder zu erweitern. 50 % der Gebäude werden neu gebaut, 35 % umgestaltet und 15 % renoviert. Zentral verwaltet wird der Fonds durch Partnerships for Schools. Wie die ehemalige Schwesterorganisation Partnerships UK arbeitet Partnerships for Schools als Beratungsunternehmen und berät ausschließlich die Behörden bei der Umsetzung von PPP-Projekten.

Alle Investitionen in weiterführende Schulen ab 2005/2006 kommen aus diesem Fond. Zu Beginn (Wave 1) ist er mit 2,2 Mrd. britischen Pfund ausgestattet worden. Das entspricht 2/5 des gesamten Schuletats in diesem Jahr. Die verbliebenen 3/5 gehen direkt an die örtlichen Schulbehörden, die Local Education Authorities (LEAs).

Speziell für den Fonds wurden die Local Education Partnerships (LEP) geschaffen. Dabei wurde für 10 Jahre eine strategische Partnerschaft eingegangen zwischen einem privaten Partner und den lokalen Behörden, Partnerships for Schools.[8] Der private Partner wurde durch politische Entscheidung und ohne eine vorangegangene Ausschreibung gewählt. Aus wettbewerblicher Sicht ist dieses Vorgehen zumindest fraglich.

Insgesamt scheint das Interesse an PPP aber nachzulassen.[9] Nachdem die Regierung schon im Mai 2010 angekündigt hatte, das Programm Partnerships for Schools zugunsten einer umfassenden Bildungsreform aufzulösen, wurde 2011 auch das gesamte staatliche Beratungsunternehmen Partnerships UK aufgelöst. Mit der Auflösung von PfS wurde die finanzielle Abwicklung an eine Education Funding Agency (EFA) übertragen und mit der von PUK wurde deren PPP-Datenbank vom Netz genommen, nachdem sie in den letzten Monaten schon nicht mehr umfassend gepflegt wurde.

In Großbritannien befinden sich allerdings im März 2011 noch 61 PPP in der Ausschreibung, beim „PPP-Neuling" Deutschland sind es immerhin 53 Projekte.[10]

---

[8] Vgl. National Audit Office, UK (2009b).

[9] Exemplarisch für die umfassende Kritik der Presse an PPP vgl. Bremner et al. (2005, S. 173–177).

[10] Vgl. HM Treasury (2011).

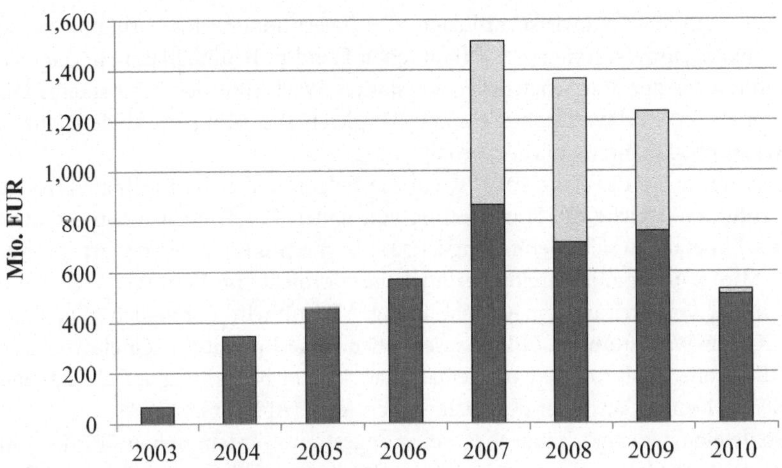

■ PPP-Investitionen der Öffentlichen Hand - Hochbau Bundesverband Deutscher Bauindustrie

□ PPP-Investitionen der Öffentlichen Hand - Tiefbau Bundesverband Deutscher Bauindustrie

Abb. 2.5 PPP Investitionen im Zeitverlauf nach Art der Bauleistung. (Vgl. Die Deutsche Bauindustrie 2011b, Stand: September 2011)

2.2.2 Deutschland

Unter der ehemaligen Bundesregierung von Kanzler Gerhard Schröder, der großen Koalition, wurde angestrebt, mindestens 15 % aller öffentlichen Investitionen als PPP zu realisieren.[11] Im November 2008 wurde zur Verwirklichung dieses Ziels die ÖPP Deutschland AG gegründet, auch wenn diese Zahl da schon nicht mehr explizit genannt wurde. Dieses PPP-Beratungsunternehmen berät und unterstützt ausschließlich die Öffentliche Hand bei der Umsetzung von PPP-Projekten. Außerdem trägt es im Auftrag unterschiedlicher Ministerien zur Standardisierung und Verbreitung von PPP bei.[12]

Anwendungsbereich Hoch- und Tiefbau Gemäss einer Statistik der deutschen Bauindustrie sind die PPP-Investitionen in Deutschland im Zeitverlauf jährlich angestiegen. Ausnahmen bilden nur die Folgejahre der Finanzkrise 2009 und 2010. Dies verdeutlicht Abb. 2.5.

---

[11] Vgl. Manager Magazin vom 7. März 2006.
[12] Vgl. ÖPP Deutschland (2010).

Setzt man diese bauwirtschaftlichen PPP-Investitionen[13] ins Verhältnis zu den gesamten Sachinvestitionen der Öffentlichen Hand in Baumaßnahmen, zeigt sich zumindest bis zur Wirtschaftskrise ein starkes Wachstum des PPP-Anteils. Hier wurden diese PPP-Investitionen vor dem Vergleich über fünf Jahre ab dem Jahr der Vertragsunterzeichnung linear „verteilt".

Das schwache PPP-Jahr 2010 ist auf die Folgen der globalen Finanzkrise zurückzuführen, welche die Finanzierung von neuen Projekten deutlich erschwert haben. Es befanden sich aber im August 2011 immerhin Projekte im Wert von rund 1648 Mio. € in der Ausschreibung und weitere Projekte im Wert von 2140 Mio. € sind in der Vorbereitung zur Ausschreibung.[14] Damit wird es möglich sein, an das Vor-Krisen-Wachstum bei PPP anzuschließen. Eine Investitions-Quote von 15 %, wie die große Koalition sie einst geplant hat, scheint beim Blick auf die aktuellen Zahlen in Deutschland aber dennoch weit entfernt (Abb. 2.6).

Sollte eine derartige Quote aber weiter angestrebt werden, stehen PPP-Projekte in den nächsten Jahren vor einem enormen Wachstum. Wirft man etwa einen Blick auf den Investitionsbedarf im Gesundheitsbereich, einem in Großbritannien, aber bislang weniger in Deutschland stark vertretenen PPP-Sektor, bestätigt sich dieser Eindruck.

Anwendungsbereich Gesundheit Laut einer Studie des Rheinisch-Westfälischen-Instituts für Wirtschaftsforschung (RWI) befinden sich derzeit ungefähr 20 % der deutschen Krankenhäuser im „roten Bereich", d. h. für sie besteht hohe Insolvenzgefahr. Auch darum prognostizieren Analysten einen Wandel der deutschen Krankenhauslandschaft bis 2020.[15] Viele stark defizitäre, meist kommunale Krankenhäuser werden ihren Betrieb bis 2020 aufgeben oder eine Neuausrichtung anstreben.[16]

---

[13] Sachinvestitionen der Öffentlichen Hand veröffentlicht der Sachverständigenrat in seinen Langen Reihen. Vgl. Sachverständigenrat ZR043, hier Stand: März 2011. Allerdings beinhalten die hier ausgewiesenen Bauinvestitionen ab 1997 keine Investitionen in Krankenhäuser oder Hochschulkliniken mit kaufmännischem Rechnungswesen. Dies liegt an der damaligen Unvereinbarkeit des kaufmännischen und öffentlichen Rechnungswesens. Dennoch sollen diese Zahlen hier für den Vergleich verwendet werden, da sie zusätzliche Informationen geben.

[14] Vgl. Die Deutsche Bauindustrie (2011b), Stand September 2011.

[15] Vgl. Augurzky et al. (2007, S. 77, 93 ff.).

[16] Vgl. Eckardt und Axer (2008, S. 421 ff.).

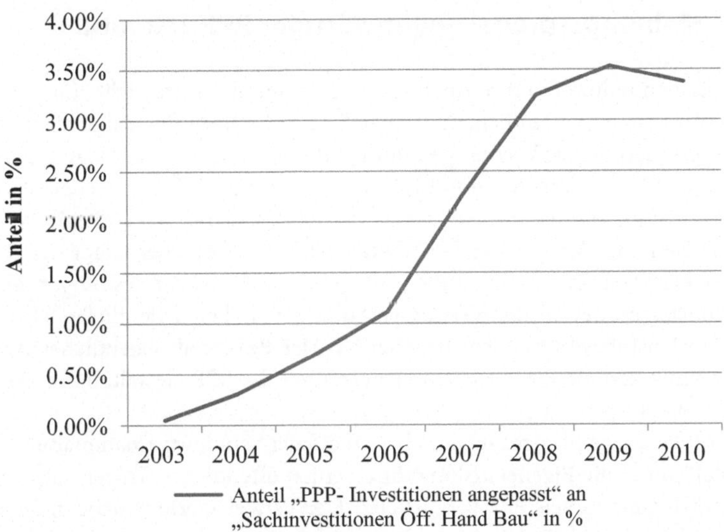

Abb. 2.6 Anteil der auf fünf Jahre angepassten PPP-Investitionen an den Sachinvestitionen der Öffentlichen Hand für Baumaßnahmen im Zeitverlauf. (Für Sachinvestitionen vgl. Sachverständigenrat Lange Reihe ZR043, Stand: März 2011; für PPP-Investitionen vgl. Die Deutsche Bauindustrie 2011b, Stand September 2011)

Diese Annahmen decken sich mit Prognosen einer Studie der Unternehmensberatung Ernst & Young.[17] Eckardt und Axer sehen zwei Hauptgründe für die schlechte Lage gerade in kommunalen Kliniken:

- die tarifliche Schlechterstellung kommunaler Krankenhäuser im Vergleich zu privaten oder freigemeinnützigen Krankenhäusern,
- eine veraltete und damit kostspieligere Infrastruktur kommunaler Krankenhäuser, z. B. dezentrale OPs, zu kleine Stationen, veraltete Küchen.

Unter Berücksichtigung der finanziellen Situation der Kommunen bleiben diesen bei der Modernisierung ihrer Krankenhäuser häufig nur zwei Optionen:

1. die Veräußerung der Krankenhäuser an einen privaten Krankenhaus-Betreiber, was häufig nur bei schlechtem oder gar negativem Kaufpreis realisierbar ist, oder
2. eine Modernisierung in Zusammenarbeit mit privaten Investoren im Rahmen einer PPP.

---

[17] Vgl. Ernst und Young Szenario Gesundheitsversorgung 2020, S. 108.

2.3   Meinungsspiegel gegenwärtiger PPP-Literatur

Viele Studien reduzieren ihre Analyse von PPP auf die vertragliche Einigung zwischen privatem und öffentlichem Partner. Sie beschäftigen sich daher allenfalls mit einer Optimierung der Vertragsgestaltung oder mit Aspekten der Planung, Finanzierung und Durchführung von PPP. Dann geht es nur noch um die operative Frage, *wie* ein PPP am besten realisiert wird, nicht mehr um die strategische Frage, *ob* PPP die beste Variante der Leistungserstellung öffentlicher Güter darstellen[18], aus welcher Perspektive auch immer. Aber eben auch aus der des *Bürgers als Leistungsempfänger*, der an der Vertragsgestaltung zwischen Öffentlicher Hand und privatem Leistungsträger nicht beteiligt ist. Der Bürger als eigentlicher Adressat der Leistung kommt aber in Handbüchern über die PPP-Gestaltung in Deutschland gar nicht vor.[19]

Wird der Frage nachgegangen, ob PPP effizient sind, wird national und international immer die Eigenerstellung durch einen öffentlichen Träger mit der Leistungserbringung mittels PPP verglichen.[20] Der Vergleich erfolgt dabei individualisiert für das jeweilige Projekt.

Studien darüber beschäftigen sich folglich mit Details zu Prognosen der Zahlungsströme, dem Abzinsungsfaktor oder wägen generell das „Für und Wider" der Vergleichsvarianten ab.[21] Siegt in diesem Vergleich eine PPP-Variante, sehen die Befürworter eines PPP darin den Beweis dafür, dass PPP die effizienteste Variante der Leistungserbringung sind. Gegner kritisieren dann meist den hohen „Abstraktionswert" von Zahlungsstromprognosen über 30 Jahre und die starke Abhängigkeit des Ergebnisses von einem schwer zu schätzenden Diskontierungsfaktor. Wer nämlich die PPP-Erstellung befürwortet, kann durch die Wahl eines „geeigneten" Diskontierungsfaktors dafür sorgen, dass PPP den Vergleich mit der Selbsterstellung durch die Öffentliche Hand zu ihren Gunsten entscheiden.

---

[18] Vgl. u. a. Berner et al. (2010); Meyer-Hofmann et al.(2008); Nicklisch (Hrsg.) 2007; Baumgärtner et al. (2009); Wanninger et al. 2006; Studien zu Projektmanagement: Vgl. Diederichs (2006); zur Planungsphase vgl. Fischer (2008); zur Bauphase vgl. Blecken und Hasselmann (2007); Herzog (2005).

[19] Im gesamten Handbuch von Baumgärtner et al. (2009) für PPP-Projekte in Deutschland geht es nur bei IT-Projekten, um *Leistungsvorteile* für die öffentliche Verwaltung. „Unmittelbare Leistungsvorteile für den Bürger" werden im gesamten Buch an keiner einzigen Stelle behandelt, weil der Fokus ansonsten *allein auf Kostenvorteilen* von PPP-Projekten *für die Öffentliche Hand* liegt.

[20] Vgl. Littwin (2008); Meyer-Hofmann et al. (2008): Teil 4.

[21] Vgl. Beckers und Klatt 2009; Meyer-Hofmann et al. (2008): Teil 4, Kap. 1,2.

Auf Praxiserfahrungen kann man bei diesem Vergleich bislang kaum zurück-greifen. Denn ob die in bereits realisierten Projekten prognostizierten Effizienz-gewinne sich umsetzen lassen, werden nur Langzeitstudien zeigen können. Diese gibt es aber nicht, auch wegen der bisher nur kurzen Existenz von PPP weltweit verglichen mit ihrer prognostizierten Gesamt-Laufzeit.

Bei der relativ spärlichen ökonomischen Analyse von existierenden PPP findet etwa der Grundsatz der disaggregierten Wettbewerbspolitik keine Berücksichti-gung. Er besagt, dass es allein notwendig ist, das monopolistische Bottleneck zu regulieren, und alle angrenzenden, wettbewerbsfähigen Produkte oder Dienstleis-tungen dem geregelten Kräftespiel der Märkte auszusetzen sind. Dies aber wäre für die Beurteilung der wettbewerblichen Eignung des Instrumentariums PPP von großer Bedeutung.

Anders als bei der wettbewerbspolitischen Diskussion gibt es jedoch eine brei-te *juristische* Diskussion um das Thema PPP und noch umfangreichere eine *Bau-ingenieur*-geprägte wegen der weit überwiegenden Hoch- und Tiefbauprojekte.[22] Hierbei wird aber weder das wettbewerbliche Umfeld oder die Marktstruktur noch das Marktverhalten der Teilnehmer thematisiert. Vielmehr geht es bei den Juristen um die Einordnung von PPP in das bestehende Recht, um das Aufsetzen von PPP-Verträgen nach geltendem Recht oder um notwendige rechtliche Weiter- bzw. Neu-entwicklungen. Die Bauingenieure legen dagegen vor allem Wert auf Beachtung baurechtlicher Vorschriften und bautechnischer Standards. Außerdem möchten sie vor allem die bei PPP mögliche „technische" Lebenszyklusanalyse von der Pla-nung bis zur Entsorgung bzw. Wiederverwertung zum Entdecken von Effizienzge-winnen nutzen. Eine Analyse von PPP erfolgt dabei bisher entweder auf der Basis von einzelnen Beispielprojekten oder auf einem fiktiven Vergleich von PPP mit der staatlichen Eigenerstellung, letztere meist ohne diesen Lebenszyklusansatz.

Eine Einordnung von PPP in die bestehende Wettbewerbssituation in den Sek-toren, in denen PPP umgesetzt werden, findet sich im Schrifttum daher nicht. Beim juristisch und Bauingenieur-geprägten Schrifttum ist das verständlich. Im ökono-mischen Schrifttum ist das allerdings ein gravierender Mangel. *Denn ist es aus wett-bewerblicher Sicht unumgänglich, PPP als Teilnehmer im Markt zu untersuchen und die ordnungspolitischen Folgen abzuschätzen. Vor allem wenn man den Bürger als den in aller Regel eigentlichen Leistungsempfänger einbezieht, wird das unerlässlich.*

In juristischen und Bauingenieur-geprägten Studien übernimmt die PPP trotz privater Beteiligung ohne kritische Diskussion ein zuvor staatliches Monopol. Der Frage, ob sich mit der privaten Beteiligung der wettbewerbliche Rahmen ändern müsste, wird nicht nachgegangen. Damit bleibt auch die Frage ausgespart, ob diese

---

[22] Vgl. u. a. Tettinger (1997); Mayer-Hofmann et al. (2008): Teil 3.

Strukturen geeignet sind, um private Versorger oder Dienstleister als Lieferanten der „öffentlichen Leistung" in ihrem Preis- und Leistungsverhalten zu disziplinieren. Den privaten Dienstleistern wird vielmehr automatisch die Funktion als „verlängerter Arm" der Öffentlichen Hand zugeschrieben, obwohl sie bis auf die Leistungsvorgaben und deren Überprüfung selbständig agieren und auch politischer Kontrolle entzogen sind.

2.4   PPP kategorisiert nach ihren Anreizwirkungen

Als Resultat aus den zwei bisher dominanten Schwerpunkten einer juristisch und einer Bauingenieur-geprägten Diskussion werden PPP-Projekte im Schrifttum nicht nach ökonomischen Kriterien kategorisiert, sondern allgemein entweder nach den Vertragstypen oder nach der Art der Bau- und Baunebenleistung.

Diese Kategorisierung von PPP-Projekten scheint jedoch für eine wettbewerbliche Analyse nicht geeignet. Dafür müsste man PPP vielmehr nach ihren Markt- und Anreizstrukturen bei den beteiligten Akteuren ordnen. Unter dem Marktaspekt sind zunächst die Empfänger der PPP-Leistung zu unterscheiden.

- PPP können ihre Leistungen direkt für den Bürger erbringen. Hierzu zählen unter anderem Schulen oder Krankenhäuser, aber auch Infrastruktur-PPP wie Straßen oder Flughäfen. In Großbritannien wird sogar die gesamte Bildungsdienstleistung vom PPP erbracht.
- Darüber hinaus existieren PPP, welche eine Leistung produzieren, die unmittelbar nur von der Verwaltung oder anderen staatlichen Institutionen „konsumiert" wird. Hierzu zählen Verwaltungsgebäude, Justizgebäude oder IT-Dienstleistungen für die Verwaltung.

Leistungen für die Verwaltung werden immer und allein über Steuergelder finanziert, weil die Herstellung eines ursächlichen Zusammenhangs zur Leistung für den Bürger hier nicht möglich ist und daher auch keine Fixierung eines „Gebühren-Preises". Werden Leistungen dagegen direkt für den Bürger erbracht, empfiehlt es sich wegen unterschiedlicher Transparenz und Unmittelbarkeit der Preiswirkungen für den Bürger, gebührenfinanzierte von steuerfinanzierten Leistungen zu trennen.

Mit *gebührenfinanzierten PPP-Leistungen* sind Leistungen gemeint, die mehr oder minder vollständig über Nutzungsgebühren der Bürger finanziert werden. Je nach politischer Vorgabe ergeben sich Unterschiede nach der Art der so finanzierten Leistung. In Deutschland gehören zu den gebührenfinanzierten PPP z. B. abfallwirtschaftliche PPP, welche sich ohne staatliche Zuwendungen über Müllgebühren finanzieren, oder Straßen-PPP, bei denen von den Bürgern eine Mautgebühr erhoben wird, die zumindest die Kosten decken soll, aber die auch Ausdruck monopolistischen Preisverhaltens sein kann.

Eine echte Gebühr ist ein Leistungspreis für eine im Gegenzug erbrachte Leistung. Außer diesem Leistungspreis gibt es für den Erbringer der Leistung keine andere Vergütung. Insoweit ist die jüngst in einigen Bundesländern erhobene „Studiengebühr" trotz ihres Namens keine Gebühr in diesem Sinne, sondern ein „Studienbeitrag", weil der Staat nach wie vor hohe Steuermittel zur Finanzierung bereithält. Zudem gibt es hierbei keine direkte Entsprechung zwischen der angeblichen „Gebühr" und dem Wert der staatlichen Gegenleistung. Ein für die Hochschule teures Ingenieurstudium und ein vergleichsweise billiges Germanistikstudium verlangen dieselben „Studiengebühren". Dasselbe gilt im kommunalen Bereich etwa für die Anliegerbeiträge, die unabhängig von der tatsächlichen Straßennutzung und damit auch unabhängig von der konkreten Gegenleistung erhoben werden.

Beiträge sind also anders als Gebühren meist weder verursachungsgerecht noch kostendeckend. Werden solche Beiträge erhoben, können öffentliche Leistungen durch die Nutzer demnach auch teilfinanziert werden. Der Steuerzahler subventioniert die Produkte oder Dienstleistungen, soweit die Beiträge eine Finanzierungslücke offenlassen. Darum werden über Beiträge (meist geringfügig) teil-finanzierte Leistungen in dieser Arbeit als steuerfinanzierte Leistungen angesehen.

Hier werden im strikten Sinne nur solche Zahlungen als „Gebühren" bezeichnet, die einen Preis für die staatliche Gegenleistung oder eben für die Gegenleistung der PPP-Gesellschaft darstellen. Zwischen der Zahlung der Gebühr und der Gegenleistung muss daher ein direkter ursächlicher Zusammenhang bestehen.

Folgerichtig gehören zum Beispiel Straßen-PPP, bei denen die PPP-Gesellschaft ihre Zahlungen nicht von den Bürgern, sondern von der Verwaltung bekommt, in die Kategorie der *steuerfinanzierten PPP-Leistungen* an den Bürger. Wenn aber eine vollständig kostendeckende Mautgebühr erhoben wird, dann fallen diese Straßen-PPP in die Kategorie *gebührenfinanzierte Leistungen an den Bürger*.

Hier werden also drei PPP-Konstellationen unterschieden:

Konstellation A.1: Nutzer   Bürger, steuerfinanzierte Leistung.
Konstellation A.2: Nutzer   Verwaltung, steuerfinanzierte Leistung.
Konstellation B: Nutzer   Bürger, gebührenfinanzierte Leistung.

Diese drei Konstellationen können in Deutschland unterschiedlichen Anwendungsgebieten zugeordnet werden, dargestellt in Tab. 2.1.

Aus diesen Zuordnungen und entsprechenden vertraglichen Ausgestaltungen ergeben sich Unterschiede bei den Anreizen auf die PPP-Beteiligten. Grund zu der

Tab. 2.1 PPP-Konstellationen in Deutschland

Anwendungsgebiet	Nutzer		Finanzierung	
	Öffentliche Verwaltung	Bürger	Steuern	Gebühren
Öffentlicher Hochbau				
Verwaltung	x		x	
Bildung		x	x	
Sicherheit	x		x	
Gesundheit	x	x	x	x
Verteidigung	x		x	
…				
Verkehr				
Straßen		x	x	x
Ver- und Entsorgung				
Energie		x		x
Wasser		x		x
Abfall		x		x
…				

Annahme besteht darum, dass sich das Marktverhalten der Akteure zwischen den jeweiligen PPP-Kategorien deutlicher unterscheidet als innerhalb einer Kategorie, wo deutlich geringere Unterschiede bestehen.

Kategorie A.1: Nutzer = Bürger, steuerfinanzierte Leistung In diese Kategorie fallen in Deutschland Schulen, da das Bildungssystem weitgehend steuerfinanziert ist. Zwar arbeiten in den meisten deutschen Schulen Staatsbeamte und Angestellte im Öffentlichen Dienst, diese bieten aber den Bildungs-Service direkt für die Bürger an. Auch einige Straßenbau-PPP sind hier zuzuordnen, nämlich alle PPP auf Basis einer Schatten-Maut, eines Verfügbarkeitsentgelts oder eines Active Management-Vertrages. Nur wenn eine tatsächliche Nutzermaut direkt vom Bürger zur Finanzierung herangezogen wird, fallen Straßenbau-PPP in die Kategorie B.

In den Wohlfahrtstaaten angelsächsisch-liberaler Prägung und in den skandinavischen Ländern sind auch die Gesundheitssysteme überwiegend steuerfinanziert. Daher gehören sie dort in diese Kategorie A. Hierdurch ergibt sich eine andere Marktstruktur und ein anderes Marktverhalten der Akteure als in Deutschland, wo das Gesundheitssystem über die Sozialversicherungsbeiträge der Versicherten größtenteils beitrags- bzw. gebührenfinanziert ist. Dies verlangt in Deutschland daher eher die Zuordnung zu Kategorie B.

Kategorie A.2: Nutzer = Öffentliche Hand, steuerfinanzierte Leistung Gebäude für die Verwaltung, die Polizei oder das Militär werden von Organisationen der Öffentlichen Hand genutzt und aus öffentlichen Budgets finanziert. Der Bürger ist hier nur indirekt Nutzer der Dienstleistung Innere Sicherheit oder Militär. Er entrichtet dafür aber kein direktes Leistungsentgelt.

Die Unterschiede zwischen Kategorie A.1 und Kategorie A.2 zeigen sich vor allem in der Existenz einer anderen Moral-Hazard Problematik bei der Kategorie A.2. Denn Kategorie A.2 begünstigt – wie Kategorie B – die Verschwendung von Ressourcen (Consumption on the Job) durch die Verwaltung, weil sie unmittelbar Begünstigte ist. Dazu zählt unter anderem das Errichten von „Prunkbauten" zu Lasten der steuerzahlenden Bürger oder der Gebührenzahler bei Kategorie B.[23]

Sind der öffentliche Auftraggeber für die einzukaufende Leistung und der spätere Nutzer der Leistung nicht identisch, verliert dieses Problem an Bedeutung. Die Trennung kann auch intern innerhalb der öffentlichen Institution erfolgen. Ein neues Universitätsgebäude wird in Deutschland z. B. nicht von der Universitätsverwaltung selbst, sondern vom zuständigen Bauamt für die Universitätsverwaltung realisiert, was das Moral Hazard Problem abmildert.

Kategorie B: Nutzer = Bürger, gebührenfinanzierte Leistung Alle Versorgungs- und Entsorgungs-PPP bewirtschaften staatlich geschützte Monopole und finanzieren sich faktisch allein über Gebühren, welche als Leistungspreis von den Nutzern zu entrichten sind.

Auch Mautstraßen fallen in diese Kategorie. In Deutschland war es vor der Verabschiedung des ÖPP-Beschleunigungsgesetzes noch nicht möglich, eine allgemeine Maut von Straßen-Nutzern zu erheben. Das wurde 2005 geändert.[24] Wo der private Partner jedoch unmittelbarer Empfänger der Gegenleistung des Bürgers wird, stellt sich die Wettbewerbsfrage mit besonderer Deutlichkeit.

Bisher ist dennoch nur eine Arbeit bekannt, die das wettbewerbliche Umfeld von solchen PPP eingehend untersucht: die Dissertation von Rembert Schulze Wehninck. Sie ist 2008 erschienen[25] und zeigt, inwieweit und welchen disziplinierenden wettbewerblichen Strukturen PPP im Abfallsektor unterworfen sind. Abfallwirtschaftliche PPP fallen in Deutschland in diese Kategorie B: gebührenfinanzierte Leistungen für den Bürger.

Die Ergebnisse der Arbeiten von Wolff und Schulze Wehninck werden im Folgenden zusammengefasst.

---

[23] Vgl. Wolff (2013): Kap. 3.2.3.1.3.

[24] Vgl. Wolff (2013): Kap. 2.1.4.2.

[25] Vgl. Schulze Wehninck (2008).

2.5   Handlungsbedarf: Erhöhter Wettbewerb ist bei allen PPP Kategorien möglich

Anhand von PPP-Bildungsimmobilien untersucht die Verfasserin exemplarisch die Wettbewerbswirkungen auf *PPP der Kategorie A*. Bei der Untersuchung des Marktumfeldes wird deutlich, dass PPP-Anbieter einem vergleichsweise niedrigeren Wettbewerbsdruck ausgesetzt sind, als im freien Markt konkurrierende Unternehmen.

Bei der Branche für Gewerbeimmobilien handelt es sich insgesamt um eine hoch-kompetitive Branche. Im Gegensatz dazu lässt sich beim Teilmarkt PPP-Bildungsimmobilien ein geringerer Wettbewerbsdruck unter den Marktteilnehmern feststellen. Damit einher geht eine höhere Marktmachtkonzentration in dieser strategischen Gruppe. Diese stärkere Konzentration innerhalb der Gruppe PPP-Bildungsimmobilien ist aber zunächst noch nicht bedenklich. Grenzt man die strategische Gruppe aber weiter ein und betrachtet nur Projekte mit einem Investitionsvolumen von über 25 Mio. €, zeigt sich eine oligopolistische Marktstruktur. Nur wenige Anbieter sind überhaupt in der Lage, um Ausschreibungen in dieser Höhe zu konkurrieren. Entsprechend höher ist hier die Marktmachtkonzentration und damit einher geht ein niedrigerer Wettbewerbsdruck.

Durch das in Deutschland übliche Vergabeverfahren bei PPP wird die Zahl der Teilnehmer an einer Ausschreibung von vornherein stark begrenzt. Die Öffentliche Hand bildet nämlich zunehmend große Vergabelose[26], statt z. B. einzelne Schulbauten als PPP-Projekte auszuschreiben und damit auch Chancen für kleinere Unternehmen zu ermöglichen.

Die Komplexität der PPP-Finanzierung und die damit verbundenen Fixkosten lassen vermuten, dass die Öffentliche Hand vor allem deshalb so große Vergabelose bildet. Diese begünstigen allerdings die großen Baudienstleister, fördern die Monopolisierung und weisen kleineren Unternehmen allenfalls den Zulieferstatus zu. Große Lose führen damit zu weniger Wettbewerb um den Markt. Effizienzgewinne durch eine Projektfinanzierung und eventuelle finanzierungsbedingte Skalenerträge müssen daher gegen wettbewerbliche Effizienz und Innovationskraft in der Ausschreibung aufgewogen werden.

Die Öffentliche Hand wird sich hier entscheiden müssen. Entweder möchte sie kurzfristig versuchen, mit großen Losen finanzwirtschaftliche Skaleneffekte zu heben, oder sie möchte mit kleinen Losen den Wettbewerb um den Markt nach-

---

[26] Für Deutschland vgl. Kreis Offenbach macht Schule, der Kreis Offenbach hat 2004 90 Schulen in 2 Losen zur Sanierung als PPPs ausgeschrieben; für UK vgl. Abb. 2.3.

haltig schüren und auf diese Weise auf Dauer leistungsbedingte Effizienzgewinne in der Realwirtschaft erreichen.[27]

Auch die Untersuchung der Anreizwirkungen der Marktteilnehmer von Wolff zeigt potentiale zur Intensivierung des Wettbewerbs.

Bei Vertrags-PPP existieren klare Auftraggeber-Auftragnehmer-Beziehungen. Sie scheinen auch aufgrund des Lebenszyklus-Ansatzes derzeit effizienter wirtschaften zu können, als dies die staatliche Eigenerstellung und in der Folge die staatliche Eigenregie beim Betrieb tut. Sie sind daher eine wünschenswerte Beschaffungsalternative aus Sicht der Nutzer und Steuerzahler.

Doch warum ist die Öffentliche Hand überhaupt auf private Mithilfe angewiesen, wenn sie diese Effizienz-Potentiale heben will? Aus Sicht des Bürgers wäre es wünschenswert, die Öffentliche Hand könnte dies aus eigener Kraft. Das Lebenszyklus-Konzept gehört schließlich schon zum Standardwissen in wirt-schaftswissenschaftlichen Studiengängen und findet eine breite Akzeptanz in der privaten Wirtschaft. Umso verwunderlicher ist es, dass es bisher keine Anwendung in der Öffentlichen Verwaltung gefunden hat und es dafür der Hilfe privater Partner bedarf.

Organisations-PPP unterscheiden sich von Vertrags-PPP nur in einem Punkt: der ausgegründeten Projektgesellschaft, an der auch die Öffentliche Hand beteiligt ist. Bei Organisations-PPP ist die Öffentliche Hand für das PPP:

1. der einzige Großkunde des PPP und
2. beteiligt an den Gewinnen und Verlusten der PPP-Gesellschaft.

Diese Vertragsgestaltung der Organisations-PPP (auch institutionelle PPP) mündet folglich in eine klassische Dilemma-Situation. Obwohl eine effiziente Leistungserbringung wünschenswert wäre, wird es aufgrund individueller Anreize der handelnden staatlichen Amtsträger bei den steuerfinanzierten Organisations-PPP wahrscheinlich nicht dazu kommen. Organisations-PPP sind damit nicht anreizkompatibel in Bezug auf die Interessen der Steuerzahler.

Problematisch an der Gründung gemeinschaftlicher staatlich-privater Unternehmen zur PPP-Bewirtschaftung ist zudem, dass die Zahlungsbereitschaft des privaten Partners positiv mit der Stärke der eingeräumten monopolistischen Stellung korreliert ist.

---

[27] Diese Bedenken teilt der Bundesbeauftragte für Wirtschaftlichkeit in der Verwaltung, der Präsident des Bundesrechnungshofes. In seiner Evaluierung der ersten Bundesautobahn-PPP identifiziert er Wettbewerbseinschränkungen. An den bisher vier Ausschreibungen beteiligten sich ins-gesamt nur acht Bieterkonsortien, fünf der acht Konsortien beteiligten sich sogar an allen vier Ausschreibungen und wurden jeweils angeführt von einem der wenigen großen Baukonzernen. Vgl. Bundesbeauftragter für Wirtschaftlichkeit in der Verwaltung (2009, S. 28).

PPP der Kategorie A könnten generell erhöhtem Wettbewerbsdruck ausgesetzt werden. Dieser wäre wünschenswert im Hinblick auf die Öffentlichen Leistungsgarantien gegenüber dem Bürger.

Vor dem Hintergrund, dass private Bildungseinrichtungen ihren Bedarf nach Immobilien am freien Markt für Gewerbeimmobilien decken, scheint es insgesamt aber fraglich, ob die Form der PPP-Bereitstellung von Bildungseinrichtungen der Öffentlichen Hand überhaupt notwendig ist. Wenn „private Teilzeit-Monopole" (PPP) bei einer sehr langen Vertragslaufzeit, nur diszipliniert durch eine Ausschreibung deutlich effizienter sind als die staatliche Eigenerstellung, wie viel effizienter könnte dann darüber hinaus eine vollständige marktliche Bereitstellung im Wettbewerb auf dem Markt für Gewerbeimmobilien sein?

Die Öffentliche Hand könnte nicht nur PPP als alternative Leistungserbringung in Betracht ziehen. Vielmehr könnten die bisher von ihr monopolistisch bewirtschafteten, aber wettbewerbsfähigen PPP-Anwendungen für den Wettbewerb geöffnet werden, oder die Öffentliche Hand könnte Quasi-Märkte bei den nicht marktfähigen Leistungen etablieren. Dann müssten PPP nicht nur aus dem Vergleich mit einer öffentlichen Eigenerstellung als Sieger hervorgehen, sondern sie müssten auch effizientere Lösungen produzieren als dies eine marktliche oder quasi-marktliche Bereitstellung tun könnte.

Schulze Wehninck alaysiert die Wettbewerbswirkungen auf *PPP der Kategorie B* exemplarisch anhand von Abfallwirtschafts-PPP.

PPP sollten nach Schulze Wehninck nur Anwendung in den folgenden sachlich relevanten Märkten finden, bei:

1. Sammlung und Transport von Restmüll,
2. Sammlung und Transport von kommunalem Altpapier,
3. Entsorgung von Siedlungsabfall,
4. Sortierung/Verwertung von Altpapier.

Für die Märkte *Sammlung und Transport von Restmüll* und *Altpapier* kann er strukturell begründete und nicht leistungsbedingte Wettbewerbsbeschränkungen zu Gunsten der Abfall-PPP und zu Lasten der Bürger nachweisen. Aus der gesetzlichen Überlassungspflicht ergibt sich eine monopolistische Bewirtschaftung, welche durch lange Vertragslaufzeiten unangemessen verstetigt wird. Potenzieller Wettbewerb ist nicht möglich und kann folglich keine disziplinierende Wirkung auf den gesetzlich geschützten privaten Monopolisten ausüben.

Insofern bestehen für *Sammlung* und *Transport* von Restmüll und kommunalem *Altpapier* erhebliche Verhaltensspielräume der PPP-Betreiber, ohne dass ihr

Verhalten Reaktionen bei Nachfragern oder Wettbewerbern hervorruft. Unabhängig von der PPP-Form haben die Betreiber ein Interesse, ihren Handlungsspielraum zu Lasten der gebührenzahlenden Haushalte auszunutzen. Beim Wertstoff Altpapier ist dies besonders problematisch. Denn obwohl ein liberalisierter Markt für die Verwertung von Altpapier existiert, werden die privaten Haushalte gezwungen die ineffiziente Leistung bei der Sammlung ihres Altpapiers über Monopolpreise zu subventionieren. Zusätzliche Wettbewerber sind sogar per Gesetz vom Markt ausgeschlossen. Damit kann auch von potenziellen Wettbewerbern keine disziplinierende Wirkung ausgehen.

Bei der *Entsorgung von Siedlungsabfällen* besteht grundsätzlich eine technisch und ökonomisch mögliche Substitutionskonkurrenz, erstens durch konkurrierende Anbieter mit freien Kapazitäten oder zweitens durch neue, innovative Entsorgungsverfahren. Durch die langfristig zugesicherten Siedlungsabfallmengen erringen PPP jedoch auch in diesem Markt eine unangemessene marktbeherrschende Stellung. Diese unangemessene Stellung erlaubt PPP u. a. eine Quersubventionierung ihrer Aktivitäten auf angrenzenden liberalisierten Märkten, z. B. im vollständig liberalisierten Verwertungsmarkt für gewerbliche Mischabfälle. Dies ist aus wettbewerblicher Sicht besonders bedenklich, weil es erlaubt, Konkurrenten dort mit nicht verursachungsgerechter Preisbildung aus dem Markt zu drängen und damit einen Markt mit ursprünglich funktionsfähigem Wettbewerb zusätzlich zu monopolisieren.

Auch bei der *Entsorgung von Siedlungsabfällen* kommt es also zu Monopolisierungseffekten. PPP können auch hier Leistungen in angrenzenden, liberalisierten und funktionsfähigen Märkten quersubventionieren. Sie beeinträchtigen dadurch möglicherweise dank ihrer gesetzlich manifestierten marktbeherrschenden Stellung bei der Entsorgung von Siedlungsabfällen zusätzlich den Wettbewerb auf diesen Märkten.

Auch bei der *Sortierung und Verwertung von kommunalem Altpapier* kommt es bei Abfall-PPP zu ausgeprägten Monopolisierungseffekten. In diesem Markt wäre sogar eine vollständige Liberalisierung möglich, da die irreversiblen Investitionen deutlich geringer sind als bei anderen abfallwirtschaftlichen Märkten. Eine monopolistische PPP-Bewirtschaftung ist darum nicht effizient.

Hier gilt analog, was zum Transport von kommunalem Altpapier gesagt wurde. Für Privathaushalte besteht ein Vertragszwang mit dem kommunalen Anbieter. Im Gegensatz dazu unterliegen Gewerbebetriebe nach deutschem Recht nicht der kommunalen Entsorgungspflicht. Sie können sich also einen Anbieter ihrer Wahl aussuchen. Das führt zu substantiell geringeren Gebühren für die Altpapierentsorgung der Gewerbebetriebe, weil im Fall des Altpapiers transportierende und sortierende Unternehmen den Rohstoff Altpapier an die wiederverwertende Papierindustrie verkaufen können. Es besteht also keine Notwendigkeit, die Kosten der Sammlung und Sortierung komplett über die Altpapier-Erzeuger zu decken.

Zusätzlich zu den Erkenntnissen Schulze Wehnincks sei erwähnt, dass PPP, die mit den von ihnen erhobenen Gebühren Gewinn erwirtschaften, genau genommen eine versteckte Steuer erheben. Die vormals steuerfinanzierte Dienstleistung Straßenbereitstellung wird ersetzt durch eine nun gebührenfinanzierte Dienstleistung, ohne dass die Steuerlast gesenkt wird. Das ist nach Le Bons Anleitung zur diktatorischen Unterwerfung eines Volkes ein geschickter Schachzug:

„Darf z. B. ein Gesetzgeber, der eine Steuer auflegen will, die theoretisch gerechteste wählen? Keinesfalls. Die ungerechteste kann praktisch für die Massen die beste sein, wenn sie am unauffälligsten und leichtesten in Erscheinung tritt. Auf diese Weise wird eine hohe indirekte Steuer allzeit von der Masse angenommen werden."[28]

Es kann aber kaum im Sinne einer Regierung und Verwaltung in einem demokratischen Staat sein, den Bürgern und ihren Abgeordneten durch die Erhebung versteckter Steuern die Kontrolle über deren Erhebung und Verwendung zu entziehen und die Bürger zugunsten privatwirtschaftlicher Gewinne mehr als von der staatlichen Leistung her begründet finanziell zu belasten. Insofern sind PPP der Kategorie B keine empfehlenswerte Form der Leistungserbringung, zumindest aus Sicht der Leistungsempfänger, nämlich der Bürger. Aber die (steuerzahlenden) Bürger werden bislang bei Effizienzurteilen über PPP überhaupt nicht beachtet, weil allein die unmittelbaren Partner von PPP im Fokus stehen: die Öffentliche Hand und deren private Partner. Der Bürger als Kunde ist bislang weder „König" bei den PPP-Verträgen noch in den wissenschaftlichen Untersuchungen dazu.[29]

---

[28] Le Bon (2007 (Erstauflage in deutscher Sprache 1911), S. 26).

[29] Exemplarisch sei hierzu die Projektbewertung von Böger und Gerdes zitiert, die Mitarbeiter der Verkehrsinfrastrukturfinanzierungsgesellschaft des Bundes sind. Bei den kommentierten Projekten handelt sich um Straßenprojekte in Chile, wobei Projektkern eine Nord-Süd-Autobahn war: *„Da es gelungen ist, die Infrastruktur des Landes zu modernisieren und gleichzeitig Einnahmen für den Staat zu generieren, kann der ‚Fall Chile' als Erfolg gewertet werden."* Vgl. Böger und Gerdes 2008, S. 403 Der finanzielle Gewinn einer PPP-Lösung für privaten Betreiber und Öffentliche Hand gleichermaßen wird als Gesamterfolg des PPP-Projekts gewertet. Dieser Gewinn kann aber nur erwirtschaftet werden, weil im staatlich geschützten Monopol Mautgebühren von den Straßenbenutzern erhoben werden. Die Frage, ob eine Alternative zur PPP-Lösung ein wünschenswerteres Ergebnis für den zahlenden Benutzer geschaffen hätte, wird von Böger und Gerdes gar nicht gestellt, weil sie eben allein auf die direkten Verhandlungspartner fixiert sind und die Bedeutung für den Bürger außer Acht lassen.

2.6 Handlungsbedarf: Strategische Positionierung der Öffentlichen Hand an der Wertschöpfungskette Bildungsimmobilien

In der Doktorarbeit analysiert die Verfassering die Wertschöpfungskette von Bildungsimmobilien. Die Öffentliche Hand ist demnach entland der Wertschöpfungskette strategisch noch unklar positioniert. Sie wird sich daher in Zukunft zwischen zwei Modellen entscheiden müssen:

- Mochte sie sich als starker Einkäufer von Bauleistungen etablieren, mit entsprechenden Plan-Kompetenzen, Kontrollen und Verhandlungsmacht (Vergleichbar zum OEM-Modell in der Automobilindustrie)?
- Oder möchte sie sich als Träger von Bauleistungen zurückziehen, sich auf andere (Kern-)Kompetenzen konzentrieren, die Immobilienleistungen ins-gesamt den großen Baudienstleistern – als OEM – überlassen und sich in die Kundenrolle zurückziehen (Kunden-Modell)?

Anhand von PPP-Bildungsimmobilien lassen sich diese zwei strategischen Alternativen für die Öffentliche Hand verdeutlichen (Abb. 2.7).

Strategie-Variante 1: Die Öffentliche Hand möchte eine Auftraggeber-Auftragnehmer-Beziehung vergleichbar mit der Beziehung von Automobilherstellern (OEM) und deren Zulieferern etablieren. Dies bedeutet, dass die Öffentliche Hand weitreichende Planungs-Kompetenzen in der Verwaltung aufbauen (oder behalten) muss, mit denen eine starke Kontrolle der Zulieferer bzw. der Zulieferkette überhaupt erst möglich ist. Aus dieser Position heraus könnte die Öffentliche Hand den Innovations- und Flexibilitätsdruck auf die Baubranche erhöhen und damit die Wettbewerbsintensität insgesamt.

Weitere wettbewerbliche Anreize könnten in einer veränderten Vertragsgestaltung liegen. Danach würde bei PPP-Verträgen zunächst ein Rahmenvertrag geschlossen und dann würden – wie in der Automobilindustrie – in kürzeren Abständen Abnahmeverträge über eine bestimmte Leistung (z. B. Quadratmeter Schulgebäude) zu einem bestimmten Preis (z. B. Mietpreis pro Quadratmeter) folgen.

Große Dienstleister wie Hochtief oder BilfingerBerger wären vergleichbar mit Tier 1-Systemlieferanten der Automobilindustrie. Bau- und Betriebsleistung erfolgten durch Nachunternehmer auf den Zulieferstufen Tier 2 und Tier 3. Die Planungs- und Kontrollhoheit läge bei der Öffentlichen Hand. Sie definiert und konzipiert die „erforderliche" Leistung.

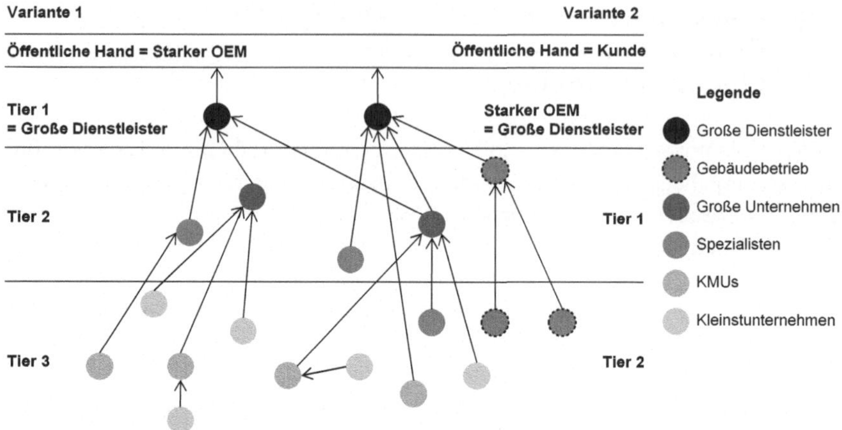

Abb. 2.7 Möglichkeiten der strategischen Positionierung der Öffentlichen Hand innerhalb der Wertschöpfungskette von Bildungsimmobilien, eigene Darstellung

Strategie-Variante 2: Große Dienstleister wie Hochtief und BilfingerBerger übernehmen sämtliche Lebenszyklusaufgaben in Eigenregie und die Öffentliche Hand strebt an, in Zukunft weitere Kompetenzen an die großen Dienstleister abzugeben. Dann wird kein eigenes Kompetenzzentrum für Immobilienplanung und Immobilienbetrieb benötigt, vielmehr konzentriert sich die Öffentliche Hand auf ihre verbliebenen Aufgaben. Sie zieht sich auf die Rolle als Kunde zurück, wobei ihr lediglich Kompetenzen in der Qualitätsprüfung verbleiben.

Diese Variante impliziert allerdings, dass private Unternehmen langfristig nicht nur die Leistung erbringen, sondern letztlich erweiterte Kompetenzen und Mitspracherechte bekommen werden bei der Frage, ob und wie öffentliche Leistungen bereitgestellt werden.

Aber gerade weil der Staat eine Bereitstellungsgarantie für öffentliche Leistungen gibt, darf er sich bei diesem Kunden-Modell nicht von wenigen Anbietern abhängig machen. Er muss schon aus Gründen der staatlichen Unabhängigkeit für genügend Wettbewerb um die Leistungserbringung sorgen. Innerhalb der strategischen Gruppe der Bildungsimmobilien-PPP existiert derzeit jedoch ab einem Projektvolumen von 25 Mio. € eine oligopolistische Marktstruktur mit einer starken Marktmachtkonzentration bei wenigen Anbietern. Wählt die Öffentliche Hand die Strategie-Variante 2, müsste besonders auf eine bessere Streuung der PPP-Verträge geachtet werden. Dabei kommen der Bildung kleiner er Vergabelose und Senkung der Fixkosten bei der Finanzierung die Schlüsselrollen zu.

Außerdem empfiehlt sich aus dem Benchmarking mit der Praxis im Vergleichsmarkt für die Öffentliche Hand, ihre PPP-Vertragswerke zu überdenken. Die Vertragsgestaltung bei PPP könnte demnach wettbewerblicher verfasst werden. Dies verlangt, dass es nicht mehr nur einen PPP-Vertrag gibt, sondern zwei Vertragskomponenten in einem umfassenderen Vertragswerk: a. eine Rahmenvereinbarung und zusätzlich b. in regelmäßigen Abständen aktualisierte Abnahmeverträge.

Der Rahmenvertrag wäre vergleichbar mit dem Sourcing Commitment in der Automobilindustrie. Die Öffentliche Hand schließt mit einem Anbieter einen Vertrag zur Bereitstellung einer Immobilie für einen Zeitraum, zum Beispiel den 30-Jährigen Lebenszyklus der Immobilie. Außerdem spezifiziert der Rahmenvertrag den Lieferumfang und das Investitionsvolumen der Immobilie in den ersten Jahren. Ab einem gewissen Zeitpunkt, zum Beispiel nach 5 oder 10 Jahren, werden dann Mietkonditionen und Abnahmemengen von der Öffentlichen Hand mit dem Anbieter in regelmäßigen Abständen, zum Beispiel alle 5 Jahre, neu verhandelt.

Was Sie aus diesem Essential mitnehmen können

- Die „angelsächsische Erfindung" PPP verbreitet sich auch in Kontinentaleuropa. Nach starkem Wachstum scheint die Wachstumskurve flacher zu werden.
- Bisherige Kategorisierungen von PPP sind durch Juristen und Bauingenieure geprägt und sind ungeeignet zur Analyse der wettbewerblichen Anreize. Eine Kategorisierung entsprechend den ökonomischen Verfügungsrechten unterscheidet 3 Kategorien:

Kategorie A.1: Nutzer = Bürger, steuerfinanzierte Leistung
Konstellation A.2: Nutzer = Verwaltung, steuerfinanzierte Leistung
Konstellation B: Nutzer = Bürger, gebührenfinanzierte Leistung

- Handlungsbedarf für die politische Praxis ergibt sich vor allem in zweierlei Hinsicht:
  1. Nur ausreichender Wettbewerb im Markt bzw. um den Markt verhindert das Abschöpfen von Monopolgewinnen zulasten der (steuerzahlenden) Bürger. Die derzeitige Praxis bei PPP fokussiert ausschliesslich auf Skalenerträge, die Großunternehmungen und deren langfristige monopolartige Stellung begünstigen.
  2. Der Staat muss sich klar am Markt positionieren. Entweder er zieht sich zurück auf eine reine Nachfrager-Position und überträgt die Qualitätsfunktionen voll auf die Privatwirtschaft oder der Staat wahrt seine Qualitäts- und Entwicklungshoheit für öffentliche Leistungen, indem er die Privatwirtschaft auf Systemintegrations- und Zulieferfunktionen beschränkt.

S. Wolff, *Public-Private Partnerships in Deutschland*, essentials,
DOI 10.1007/978-3-658-05187-7, © Springer Fachmedien Wiesbaden 2014

Literatur

Augurzky, Boris, Dirk Engel, Sebastian Krolop, Christoph M. Schmidt, Hendrik Schmitz, Christoph Schwierz, und Stefan Terkatz. 2007. Krankenhaus Rating. Report 2007 – Die Spreu trennt sich vom Weizen. RWI Materialien Heft 32. Essen. http://www.rwi-essen.de/media/content/pages/publikationen/rwi-materialien/M_32_Krankenhaus-Rating-2007.pdf. Zugegriffen: 3. Aug. 2012.

Bardt, Hubertus, und Winfried Fuest. 2007. Die wirtschaftliche Betätigung der Kommunen. IW Trends 03/2007. Köln. http://www.iwkoeln.de/de/presse/pressemitteilungen/beitrag/63111. Zugegriffen: 3. Aug. 2012.

Baumgärtner, Frank, Thomas Eßer, und Rudolf Scharping, Hrsg. 2009. *Public Private Partnership in Deutschland. Das Handbuch.* Frankfurt: FAZ-Verlag.

Beckers, Thorsten, und Jan Peter Klatt. 2009. Kosteneffizienz von Public-Private-Partnership-Modellen – Erwartungen und empirische Erkenntnisse. *Wirtschaftsdienst* 89 (3): 176–183.

Berner, Fritz, Joachim Hirschner, Hans Christian Jünger, Markus Koch, Tobias Popp, und Klaus-Henner Riebeling. 2010. *Entwicklung eines standardisierten Verfahrens zur Gesamtkostenkalkulation von PPP-Projekten.* Stuttgart: Frauenhofer IRB.

Blecken, Udo, und Willi Hasselmann. 2007. *Kosten im Hochbau – Praxis Handbuch und Kommentar zur DIN 276.* Köln: R. Müller Verlagsgesellschaft.

Böger, Thorsten R., und Enno Gerdes. 2008. Die Bereitstellung von Straßeninfrastruktur in Deutschland. In *Public Private Partnership. Gestaltung von Leistungsbeschreibung, Finanzierung, Ausschreibung und Verträgen in der Praxis.* Hrsg. Bettina Meyer-Hofmann, Frank Riemenschneider, und Oliver Weihrauch, 2. Aufl., 395–406. Köln: Carl Heymanns.

Bräuninger, Michael. 2009. Konjunkturbedingte Budgetdefizite und die Entwicklung der Staatsschulden. Wirtschaftsdienst 6/2009. http://www.zbw.eu/e_catalogues/e_econis_select/e_econis_select_docs_2009/e_gro_wd_staatsfinanzen.htm. Zugegriffen: 3. Aug. 2012.

Bremner, Rory, John Bird, und John Fortune. 2005. *You are here.* London: Phoenix.

Brousseau, Eric, und Stéphane Saussier. 2009. Contracting with governments. In *Advances in Strategic Management.* Hrsg. Jackson A. Nickerson und Brian S Silverman, 26 Vol., 487–522. Bingley: Emerald Group Publishing Limited.

Diederichs, Claus Jürgen. 2006. Interdisziplinäres Projektmanagement für PPP-Hochbauprojekte. In *Schriftenreihe der AHO*, Heft Nr. 22. Köln: Bundesanzeiger.

Eckardt, Gerold, und Thomas Axer. 2008. PPP-Modelle im Krankenhausbereich. In *Public Private Partnership. Gestaltung von Leistungsbeschreibung, Finanzierung, Ausschreibung*

S. Wolff, *Public-Private Partnerships in Deutschland,* essentials,
DOI 10.1007/978-3-658-05187-7, © Springer Fachmedien Wiesbaden 2014

und Verträgen in der Praxis. Hrsg. Bettina Meyer-Hofmann, Frank Riemenschneider, und Oliver Weihrauch, 2. Aufl., 419–440. Köln: Carl Heymanns.

Fahrmeir, Ludwig, Rita Künstler, Iris Pigeot, und Gerhard Tutz. 2004. *Statistik – Der Weg zur Datenanalyse*. Berlin: Springer.

Fischer, Katrin. 2008. Lebenszyklusorientierte Projektentwicklung öffentlicher Immobilien als PPP – ein Value-Management-Ansatz. http://www.baufachinformation.de/literatur.jsp?dis=2010089026835. Zugegriffen: 3. Aug. 2012.

Herzog, Kati. 2005. *Lebenszykluskosten von Baukonstruktionen – Entwicklung eines Modells und einer Softwarekomponente zur ökonomischen Analyse und Nachhaltigkeitsbeurteilung von Gebäuden*. Darmstadt: Eigenverlag TU Darmstadt, Institut für Massivbau.

Iimi, Atsushi. 2008. (UN-)Bundling public-private partnership contracts in the water sector: Competition in auctions and economies of scale in operation. World Bank, Policy Research Working Paper 4459. http://econ.worldbank.org/external/default/main?pagePK=64165259&theSitePK=475520&piPK=64165421&menuPK=64166093&entityID=000158349_20080102105731. Zugegriffen: 3. Aug. 2012.

Le Bon, Gustave. 2007. *(Deutsche Erstausgabe 1911). Psychologie der Massen*. Neuenkirchen: RaBaKa.

Littwin, Frank. 2008. PPP-Theorie: Public Private Partnership aus Sicht der PPP- Taskforce NRW. In *Public Private Partnership. Gestaltung von Leistungsbeschreibung, Finanzierung, Ausschreibung und Verträgen in der Praxis*. Hrsg. Bettina Meyer-Hofmann, Frank Riemenschneider, und Oliver Weihrauch, 2. Aufl., 1–31. Köln: Carl Heymanns.

Mayer, Florian. 2006. *Vom Niedergang des unternehmerisch tätigen Staates – Privatisierungspolitik in Großbritannien, Frankreich, Italien und Deutschland*. Wiesbaden: VS.

Meyer-Hofmann, Bettina, Frank Riemenschneider, und Oliver Weihrauch, Hrsg. 2008. *Public Private Partnership. Gestaltung von Leistungsbeschreibung, Finanzierung, Ausschreibung und Verträgen in der Praxis*, 2. Aufl. Köln: Carl Heymanns.

o.V. Bundesbeauftragter für Wirtschaftlichkeit in der Verwaltung, Präsident des Bundesrechnungshofes. 2009, Jan 5. Gutachten zu Öffentlich privaten Partnerschaften im Bundesfernstraßenbau. http://www.sam-consulting.de:7070/Testportal/bundesbeauftragter-bwv/ergebnisse-des-bwv-1/sonstige-gutachten-berichte-bwv/05-V3-2006-0201.pdf. Zugegriffen: 3. Aug. 2012.

o.V. Deutsche Bauindustrie. 2011. http://www.oepp-plattform.de/. Zugegriffen: 3. Aug. 2012.

o.V. Ernst and Young Szenario Gesundheitsversorgung 2020. 2005. Studie: Konzentriert. Marktorientiert. Saniert. http://www.rsf.uni-greifswald.de/fileadmin/mediapool/lehrstuehle/flessa/Gesundheitsversorgung_202020.pdf. Zugegriffen: 3. Aug. 2012.

o.V. HM Treasury. 2011. *PFI* projects in procurement list und PFI signed projects list. http://www.hm-treasury.gov.uk/ppp_pfi_stats.htm. Zugegriffen: 28. März. 2011.

o.V. Kreis Offenbach. Kreis Offenbach macht Schule. http://www.kreis-offenbach.de/media/custom/350_839_1.PDF. Zugegriffen: 28. März. 2011.

o.V. Manager Magazin. 2006, März 7. Möglichkeiten in der Praxis nutzen. http://www.manager-magazin.de/unternehmen/mittelstand/0,2828,404795,00.html. Zugegriffen: 3. Aug. 2012.

o.V. National Audit Office, UK. 2009. Building schools for the future programme: Renewing the secondary school estate. http://www.nao.org.uk/publications/0809/schools_for_the_future.aspx. Zugegriffen: 3. Aug. 2012.

o.V. National Public Private Partnerships Policy and Guidelines. 2008. http://www.infrastructureaustralia.gov.au/public_private/ppp_policy_guidelines.aspx. Zugegriffen: 3. Aug. 2012.

o.V. ÖPP Deutschland AG. 2010. Imagebroschüre. http://www.partnerschaften-deutschland.de/fileadmin/Daten/Organisatorisches/OePP_Deutschland_AG-Imagebroschuere-Web-DS_Mai2010.pdf. Zugegriffen: 3. Aug. 2012.

o.V. Public Works Financing. 2008, Okt. 2008 International Survey of Public-Private Partnerships, 231 Vol.

o.V. Public Works Financing. 2011. http://www.pwfinance.net/document/research_reprints/F%20chart.pdf. Zugegriffen: 3. Aug. 2012.

o.V. Sachverständigenrat. Lange Reihen: Öffentliche Finanzen. Fortlaufend aktualisierte Versionen. http://www.sachverstaendigenrat-wirtschaft.de/timerow/tabdeu.php. Zugegriffen: 3. Aug. 2012.

o.V. Subventionsberichte des Bundes und der Länder werden veröffentlicht vom Bundesfinanzministerium; für den aktuellen Bericht vgl. 23ter Subventionsberichte des Bundes und der Länder – Bericht der Bundesregierung über die Entwicklung der Finanzhilfe des Bundes und der Steuervergünstigungen für die Jahre 2009–2012. http://www.bundesfinanzministerium.de/Content/DE/Standardartikel/Themen/Oeffentliche_Finanzen/Subventionspolitik/23-subventionsbericht-der-bundesregierung-anlage1.pdf?__blob=publicationFile&v=2. Zugegriffen: 3. Aug. 2012.
Kurzfassung 23ter Subventionsberichte des Bundes und der Länder http://www.bundesfinanzministerium.de/Content/DE/Standardartikel/Themen/Oeffentliche_Finanzen/Subventionspolitik/23-subventionsbericht-der-bundesregierung-anlage2.pdf?__blob=publicationFile&v=2. Zugegriffen: 3. Aug. 2012.

Roth, Petra. 2009. In aller Kürze: PPP funktioniert. Sonderrolle für die Hauptstadt des Finanzsektors. In *Public Private Partnership in Deutschland*. Hrsg. Frank Baumgärtner, Thomas Eßer, und Rudolf Scharping, 50–58. Frankfurt: FAZ-Verlag.

Scharping, Rudolf. 2009. PPP: Ein zukunftsfestes Konzept. In *Public Private Partnership in Deutschland*. Hrsg. Frank Baumgärtner, Thomas Eßler, und Rudolf Scharping, 14–21. Frankfurt: FAZ-Verlag.

Schulze Wehninck, Rembert. 2008. *Public Private Partnerships und Wettbewerb*. Wiesbaden: Gabler.

Steinbrück, Peer. 2009. Vielfalt denkbarer Projekte. In *Public Private Partnership in Deutschland*. Hrsg. Frank Baumgärtner, Thomas Eßler, und Rudolf Scharping, 14–21. Frankfurt: FAZ-Verlag.

Tettinger, Peter J. 1997. Die rechtliche Ausgestaltung von Public Private Partnerships. In *Public Private Partnership: Neue Formen öffentlicher Aufgabenerfüllung*. Hrsg. Dietrich Budäus, 125–141. Baden-Baden: Nomos-Verlag.

Wanninger, Rainer, und Simon-Finn Stolze. 2008. Entschädigungen bei der Angebotsausarbeitung bei PPP- Hochbauprojekten. Stuttgart: Frauenhofer IRB-Verlag. https://www.tu-braunschweig.de/Medien-DB/ibb/ibb_paper_2008-07_wanninger-stolze_entschaedigung_angebotsausarbeitung_abschlussbericht.pdf. Zugegriffen: 3. Aug. 2012.

Wolff, Sarah. 2013. *Disaggregierte Öffentliche Leistungserbringung zwischen Eigenerstellung und Wettbewerb – PPP im Bildungsbereich*. Wiesbaden: Springer-Verlag.